Irene Margil und Andreas Schlüter

Deutsch³
Der Verdacht

Deutsch als Fremd- und Zweitsprache

Ernst Klett Sprachen
Stuttgart

1. Auflage   1 ⁸⁷⁶⁵⁴ | 2021 20 19 18 17

Alle Drucke dieser Auflage sind unverändert und können im Unterricht nebeneinander verwendet werden.
Die letzte Zahl bezeichnet das Jahr des Druckes. Das Werk und seine Teile sind urheberrechtlich geschützt. Jede Nutzung in anderen als den gesetzlich zugelassenen Fällen bedarf der vorherigen schriftlichen Einwilligung des Verlags. Hinweis zu § 52 a UrhG: Weder das Werk noch seine Teile dürfen ohne eine solche Einwilligung eingescannt und in ein Netzwerk eingestellt werden. Dies gilt auch für Intranets von Schulen und sonstigen Bildungseinrichtungen. Fotomechanische oder andere Wiedergabeverfahren nur mit Genehmigung des Verlags.

Redaktion: Carina Janas
Konzeption: Carina Janas, Elisabeth Muntschick
Layoutkonzeption: Andreas Drabarek
Illustrationen: Tobias Dahmen
Satz: DOPPELPUNKT, Stuttgart
Umschlaggestaltung: Andreas Drabarek

Tonregie und Schnitt: Gunther Pagel, Top10 Tonstudio, Viernheim
Sprecher: Christian Birko-Flemming, Cordula Floren, Marvin Floren, Friederike Rhein, Hans-Peter Stoll, Anke Stößer, Emilio Vega, Sofi Vega

Druck und Bindung: AZ Druck und Datentechink GmbH, Kempten

Printed in Germany

ISBN 978-3-12-688073-2

Deutsch³
Der Verdacht

Inhaltsverzeichnis

die Verkäuferin

die Kasse

die Kochtöpfe

der Monitor

das Regal

die Obstabteilung /
die Gemüseabteilung

der Supermarkt

der Einkaufswagen

Der Verdacht
Personen

Ayman und Ipek gehen in die Goetheschule in Frankfurt.
Sie sind beide noch nicht lange in Deutschland.
Sie lernen in der Klasse von Frau Langer Deutsch.
Und natürlich haben sie auch andere Fächer.

Heute kocht die Klasse am Nachmittag zusammen.
Ayman und Ipek sollen im Supermarkt einkaufen.
Doch dann verschwindet Ayman ganz plötzlich.
Was ist passiert?

Zu diesem Buch gibt es Audiodateien, Wortschatzhilfen sowie Lösungen,
die mit der Klett-Augmented-App geladen und abgespielt werden können.

Klett-Augmented-App kostenlos downloaden und installieren

App auf Smart-phone oder Tablet öffnen und Cover auswählen

Kamera des Smart-phones oder Tablets über die Seiten mit dem Klett-Aug-mented-Symbol halten und komplett scannen

Die Medien-dateien laden, direkt abspielen oder speichern für Offline-Nutzung

Niveau 1 // leicht

Name: **Kevin Krause**
Alter: 42
Herkunft: Köln, Deutschland
Beruf: Hausdetektiv im
Supermarkt
Sprachen: Deutsch, Englisch

Niveau 2 // mittel

Name: **Ayman A-Khafaji**
Alter: 13
Herkunft: kleiner Ort in der
Ninive-Ebene, Irak
Beruf: Schüler
Sprachen: Arabisch

Niveau 3 // schwer

Name: **Ipek Burtalik**
Alter: 14
Herkunft: Kardschali,
Bulgarien
Beruf: Schülerin
Sprachen: Bulgarisch, Türkisch

Niveau 1
Kevin Krause

- 🥢 Hier spricht Kevin.
- 🥢 Hier spricht Ayman.
- 🥢 Hier spricht Ipek.
- 🥢 Hier spricht eine andere Person.

Für den Hörtext und Wortschatzhilfen diese Seite mit der Klett-Augmented-App scannen (www.klett-sprachen.de/augmented).

Oh Mann, zwei Kochtöpfe und drei Kopfhörer letzte
Woche.

Die Leute klauen alles.

Mein Chef schimpft:
„Kochtöpfe? Weg?
Ich spreche die tausend kleinen Sachen gar nicht an.
Aber Kochtöpfe!"

Warum habe ich das nicht gesehen?

Wenn es so weiter geht, sucht mein Chef bald einen
neuen Hausdetektiv.

Hoffentlich fasse ich bald mal einen Dieb.

Mein Chef denkt, ich träume hier nur!
Oder ich spiele mit meinem Handy.
Er denkt, mein Job hier ist leicht.
Ist er aber nicht!

Ich bewache fünf Monitore mit zwei Augen.
Das ist nicht einfach!
Besonders, wenn der Laden voll ist.
Ich kann nicht alles sehen.

Aber zwei gestohlene Kochtöpfe?
Warum habe ich das nicht gesehen?

Ich nehme mir extra immer Brot und meinen Kaffee mit.
Ich gehe nur raus, wenn ich auf die Toilette muss.

Trotzdem habe ich den Dieb nicht gesehen.

Jetzt brauche ich erst mal eine Tasse Kaffee.

Heute ist es kalt und es regnet.
Die Leute tragen dicke Mäntel und Jacken.
Unter den Mänteln kann man leicht etwas verstecken.

Ich schaue auf die Monitore.

Bild 1:
Eine Frau steht in der Käse-Abteilung.

Bild 2:
Eine Frau fährt den Einkaufswagen zum Regal mit den
Putzmitteln.

Bild 3:
Ein Mann legt Marmelade in seinen Einkaufswagen.

Bild 4:
Eine alte Dame betrachtet eine Weinflasche mit einer
Lupe.

Bild 5:
Ein Junge und ein Mädchen stehen in der Gemüseabteilung.

Das Mädchen packt. Sie legt Waren in den Einkaufswagen: Paprika, Zucchini, Tomaten, Zwiebeln, Knoblauch,
frische Kräuter und eine Zitrone.

Sie hat es eilig.
Der Junge geht weiter in die Obstabteilung.
Er liest jedes Schild ganz genau.

Was besprechen die zwei?

Er nimmt eine Mirabelle und riecht daran.
Dann legt er sie zurück und nimmt eine Pflaume.
Er betrachtet sie von allen Seiten.

Warum nimmt der alles in die Finger?

Nascht der Junge einfach von den Früchten?
Was sind das denn für neue Sitten?
Das darf er nicht!
Ich sehe es doch genau!
Da gehe ich jetzt hin.

Du kommst mir nicht davon!
Keine zwanzig Schritte und ich bin bei dir.

Sehe ich richtig?
Der hat den Mund ja noch immer voll!

Was stopft er sich jetzt in den Mund?
Erdbeeren?
Das wird ja immer schöner!

Hier! Lies meinen Ausweis!

 „Hallo. Ich kümmere mich um die Ordnung und die
Sicherheit hier im Supermarkt.
Kommst du mal bitte mit in mein Büro?"

Ich packe ihn lieber am Kragen.
Sonst läuft er mir noch weg.

 „Du weißt nicht worum es geht?
Ne, ist klar.
Wir besprechen alles in meinem Büro".

Ich rufe direkt meinen Chef an.

🍃 „Hallo Chef, wir haben hier einen Verdacht auf
  Ladendiebstahl.
  Ich untersuche den Fall jetzt genauer."

🍃 „Was soll ich hier?", fragt der Junge.

Erst prüfe ich seinen Rucksack.
Dann notiere ich die persönlichen Daten:
Name, Geburtsdatum, Adresse…

🍃 „Warum wollen Sie meinen Rucksack sehen?"

Das ist immer das Gleiche: Warum? Weshalb?

🍃 „Das ist ganz normal", sage ich ruhig.
  „Wir untersuchen immer alle Taschen bei einem
  Verdacht auf Diebstahl."

🍃 „Ich? Ein Dieb?", fragt der Junge.

Wieso? Warum?

Immer das Gleiche!

5

Verflixt!

Wo ist denn das Formular?

Eigentlich liegt es doch hier im Schrank.
10

Ah, hier ist es ja!

Ein Profi-Dieb ist der Junge nicht.
Schade.
15
Aber besser als nichts.

Auf jeden Fall muss ich erst mal seine Personalien
aufnehmen.
Wie ist sein Name – Ei-Mann.
20
Und wie schreibt man das?

Der Junge sieht sehr verzweifelt aus.
Oder ist er nur ein guter Schauspieler?

25
Ich glaube, er weiß wirklich nicht, warum er hier sitzt.

 „Also, hier habe ich den Beweis!
Schau: Hier sind die Bilder der Überwachungskamera.
Du isst eine Zwetschge! Du hast sie aber nicht bezahlt.
Das geht nicht!"

Klar, jetzt redet er sich raus.

 „In meiner Heimat ist das normal.
Man probiert immer frische Ware vor dem Kauf.
Besonders Früchte. Jeder macht das."

 „Wir sind hier aber in Deutschland. Da muss man eine
Ware erst bezahlen, bevor man sie isst!"

 „Das ist doch nicht logisch.
Logisch ist: Ich probiere die Früchte.
Dann überlege ich: Kaufen oder nicht?
Dann entscheide ich."

Ich diskutiere jetzt nicht.

🍃 „Ich muss jetzt deine Eltern anrufen."

🍃 „Bitte nicht! Ich bekomme großen Ärger!"

🍃 „Das muss leider sein. Da kann ich nichts machen."

🍃 „Sehen Sie hier auf dem Monitor?
Das ist Ipek dort bei den Kassen.
Wir sind zusammen hier.
Wir gehen in eine Klasse,
gegenüber in die Goetheschule.
Sie kann mir vielleicht helfen."

🍃 „Hey! Stopp! Sitzenbleiben!"

Wo will der denn hin gehen? Er steht einfach auf und will
raus! Das kann er doch nicht machen!
Er will zurück in den Laden, zu seiner Schulfreundin.
Der kann mir viel erzählen.

Er denkt, ich bin blöd, oder was?
Ich rufe jetzt seine Eltern an. Und dann…

Moment mal: das Mädchen ist jetzt weg.
Bezahlt hat sie nichts.
Ist das vielleicht seine Komplizin?
Aber dann zeigt er doch nicht von sich aus auf sie.
Sehr merkwürdig. Wo ist sie jetzt?
Sie ist auf keinem Monitor zu sehen.
Es klopft an der Tür!

Vor der Tür steht – das Mädchen!

Wie heißt sie?
Jetzt erinnere ich mich: Ipek!

Dann ist das also keine Lüge.
Das Mädchen sucht ihren Schulfreund.

Ich zeige auf den Jungen.

🌱 „Du kennst ihn hier?"

Das Mädchen nickt.

🌱 „Das ist Ayman!"

🌱 „Komm rein!"

Es ist zu eng für einen weiteren Stuhl.
Ich lasse das Mädchen stehen.

Ich erkläre das Problem:

🌱 „Dein Freund hat Früchte probiert. Aber er hat sie nicht
bezahlt. Das darf man hier nicht."

Sie lacht und kichert.
Nimmt sie das alles nicht ernst?
Macht sie sich über mich lustig?

Ich erkläre die Gesetzeslage.

🟢 „Es ist einfach und logisch.
Erst bezahlen, dann essen!
So ist es richtig.
Etwas nehmen und im Laden essen ist Diebstahl!"

🟢 „Ja, es geht hier auch um das Prinzip!
Ich verwarne deinen Freund und informiere seine
Eltern."

Erst beim zweiten Mal muss ich die Polizei rufen und es
gibt eine Anzeige.

Was macht das Mädchen da?
Sie telefoniert.

➤ „Meine Lehrerin!", sagt sie und hält mir ihr Handy vor
die Augen.

Ich erkläre der Lehrerin was passiert ist.
Aber sie zeigt kein Verständnis.
Genau wie die beiden Jugendlichen.
Sie sagt, sie spricht mit dem Jungen.

Nur ein Gespräch?
Das reicht mir nicht.

Aber dann droht sie.
Die Schüler und auch die anderen Lehrer sollen hier nicht
mehr einkaufen.
Und das will sie dem Chef schreiben.

Mist! Die kaufen hier alle oft ein.
Wenn die wegbleiben, schimpft mein Chef auch wieder.

Der Hinweis der Lehrerin:
Ich soll das Ganze doch einfach Informationsgespräch
nennen.

Informationsgespräch!

Das ist keine schlechte Idee!
Im Gegenteil: Der Vorschlag der Lehrerin ist richtig gut.

Ich habe den Dieb gefasst, verwarnt und informiert.
Wir bekommen keinen Ärger mit der Schule.

Das ist eine gute Lösung!
Das sieht mein Chef bestimmt auch so.

Dem Chef erkläre ich gleich meine Idee mit dem
Informationsgespräch.
Er weiß ja zum Glück nicht, woher die Idee kommt.

Jetzt aber schnell zurück in den Laden mit den beiden.

So, die zwei Jugendlichen sind weg.

Ich habe keine Lust, mich nochmal von einer Lehrerin vollquatschen zu lassen.

Ich rufe den Chef an.
Ich erzähle ihm von dem Informationsgespräch.
Der Schaden für den Laden beträgt 35 Cent.
Der Chef ist zufrieden.

Ich mache einen Vorschlag für ein Schild:
Das Schild soll beim Obst und Gemüse hängen.
Darauf soll stehen: „Früchte probieren verboten!"
Und „Erst zahlen, dann essen!"

Meine Idee gefällt dem Chef.
Ja, ich muss mich mal selbst loben!

Aber dann fragt der Chef:
„Und? Was ist mit den Kochtöpfen?
Fehlen wieder welche?"

„Nein!"

Also das hoffe ich doch sehr.

Ich prüfe das besser sofort noch einmal.
Gleich nach dem Gespräch gehe ich nachsehen.

Auf dem Weg zu den Kochtöpfen sehe ich den Einkaufswagen der beiden Jugendlichen.
Mit dem Gemüse und anderen Sachen.

Wieso?

Und was ist mit „bezahlen"?
Wollen sie die Sachen nicht mehr?
Das glaube ich nicht.

Bestimmt sind die beiden noch im Laden
und kaufen noch mehr ein.

Aber ohne den Wagen?
Ich suche nach ihnen in den Gängen.

Ich schaue beim Obst und Gemüse,
dann bei den Gewürzen.

Aber ich finde die beiden nicht.
Die sind wirklich weg.

Die hauen ab und lassen einfach den Wagen hier stehen.

Unglaublich!

Ich schreibe auf einen Zettel:
„Waren bitte zurück ins Regal stellen!"
Dann fahre ich den Einkaufswagen ins Lager.

Jetzt will ich aber schnell nach den Kochtöpfen sehen.

Auf dem Weg zu dem Regal mit den Kochtöpfen kommt
eine Verkäuferin zu mir.
Sie winkt und ist aufgeregt.

„Schon wieder!", sagt sie.

„Schon wieder was?", frage ich.

„Kommen Sie mit!", sagt sie.

Die Verkäuferin geht vor.
Sie stoppt vor dem Regal mit den Kochtöpfen.

„Hier in diesem Fach müssen drei Kochtöpfe sein.
Es sind aber nur zwei!", sagt die Verkäuferin.

„Haben Sie den Topf vielleicht verkauft…?"

„Ganz sicher nicht!"

🗨 „Sie meinen …?"

Die Verkäuferin nickt.

🗨 „Schon wieder ein Diebstahl!
Ist doch klar: Der Dieb sieht Sie mit den Jugendlichen
im Büro und packt ein!"

Mist!

Wie soll ich das dem Chef erklären?

Niveau 2
Ayman A-Khafaji

🟢 Hier spricht Kevin.
⚪ Hier spricht Ayman.
🟠 Hier spricht Ipek.
⚪ Hier spricht eine andere Person.

📖 Für den Hörtext und Wortschatzhilfen diese
Seite mit der Klett-Augmented-App scannen
(www.klett-sprachen.de/augmented).

🔊 „Heute habe ich eine Überraschung für euch!", sagt Frau
Langer.

Oh! Vielleicht gehen wir ins Kino? Ich liebe Kino.
Zuhause haben wir nur einen kleinen Fernseher.
Da ist Kino viel besser. Und Popcorn. Das schmeckt super.
Mit Filmen kann man auch gut Deutsch lernen.
Besser als mit Büchern. Das ist gut für alle Schüler.
Hoffentlich ein Actionfilm!

Doch Frau Langer schreibt nicht „Kino" an die Tafel,
sondern „kochen".

Kochen?

Was soll das denn? Ich esse ja gern. Aber kochen?
Das hab ich noch nie gemacht.
Aber einige andere Schüler freuen sich.

Macht ja vielleicht Spaß?
Vielleicht können wir Popcorn machen?

Popcorn machen, ja das finde ich gut!
Man muss nur Öl und Maiskörner in einem Topf warm machen.
Dann warten, bis es im Topf knallt und er mit Popcorn über-
quillt.

Und wenn schon kein Popcorn, könnten wir ja wenigstens
Pommes oder Pizza machen.

Aber nein, wir kochen Ratatouille!
Das habe ich noch nie gehört. Was soll das denn sein?

Frau Langer erklärt es:
„Ratatouille kommt aus Frankreich und heißt so viel wie
Reste. Man benutzt die Reste aus der Küche.
In Deutschland nennt man es auch Eintopf, weil man alles
in einem Topf kocht."

Also, klingt nicht unbedingt lecker.

Nun verteilt Frau Langer die Aufgaben.
Ich verstecke mich besser hinter Ipek.

Zu spät! Frau Langer zeigt auf Ipek und mich.
Wir sollen zusammen einkaufen gehen.

„Und beeilt euch, damit wir mit dem Kochen beginnen
können", sagt Frau Langer.

- „Kennst du dich in dem Supermarkt aus, Ipek?"

- „Nein. Ich war erst einmal dort."

- „Mist! Dann müssen wir viel suchen." 5

- „Ja, aber denk daran: Wir sollen uns beeilen."

- „Klar!"

10
- „Wir brauchen Paprika, Zucchini, Tomaten, Zwiebeln, Kartoffeln, Knoblauch, frische Kräuter und Zitrone."

- „Kein Fleisch?"

15
- „Nein! Davon steht hier nichts.
Außer dem Gemüse brauchen wir noch Olivenöl.
Und Salz und Pfeffer."

- „Gut. Öl, Salz und Pfeffer hole ich." 20

- „Okay! Mit Gemüse kenne ich mich ein bisschen aus."

- „Ich eher mit Fleisch. Hoffentlich schmeckt es auch ohne."

Für den Einkaufswagen braucht man eine 50-Cent- oder
1-Euro-Münze. Ich habe gar kein Geld dabei. Aber Ipek hat eine
passende Münze dabei. Damit öffnet sie das Schloss des Ein-
kaufswagens und schiebt ihn zum Eingang.
Ich gehe vor. Denn ich will schnell ins Warme.

Das Gemüse steht gleich am Anfang. An der Wand hängen viele
Spiegel. So sieht es aus, als steht dort doppelt so viel. Aus zwei
Tomaten werden plötzlich vier. Alles ist hell beleuchtet.

Die Früchte sehen so besonders lecker aus. Die Mirabelle riecht
gut. Und was ist das hier? Auf dem Schild steht: „Zwetschgen
aus Deutschland". Zwetschgen? Was für ein Wort! Mal probieren. Lecker. Sehr süß und saftig.

Ach so, ich soll ja das Olivenöl holen.
Dann gehe ich mal auf die Suche.
Irre! Es gibt Olivenöl, das 15 Euro kostet. Für eine Flasche.
Aber auch eines für 1.50 Euro. Das nehme ich.
Bestimmt haben wir nicht so viel Geld.

Wo ist Ipek? Ich warte mal hier neben unserem Einkaufswagen.

Oh, die Früchte dort vorne sehen interessant aus.
„Erdbeeren" steht auf dem Schild. Die muss ich auch mal
probieren. Erd wie Erde, unser Planet? Lustiger Name.
Gibt es auch außerirdische Beeren?

 „Hallo. Ich kümmere mich um die Ordnung und die Sicher-
heit hier im Supermarkt. Kommst du mal bitte mit in mein
Büro?" sagt plötzlich ein Mann, der sich vor mich schiebt.

Er hält eine Karte direkt vor meine Augen.   10
„Kevin Krause, Security Officer" steht drauf.

Aber er trägt keine Uniform.
Was will er von mir? Wo ist das Problem?
Hey, der packt mich am Kragen.   15
Moment mal! Das geht doch nicht!
Ipek? Wo bist du?

🍃 „Wir besprechen alles in meinem Büro", sagt der Mann.

Büro? Wo soll das sein? Ich sehe hier weit und breit kein Büro.
Er schiebt mich durch eine Tür.

Verflucht! Der verschleppt mich! Ich hätte nicht gedacht, dass
es so etwas auch in Deutschland gibt. Soll ich um Hilfe schreien?
Aber hier hilft mir keiner. Außer Ipek vielleicht?
Wo ist sie? Hat er sie schon vor mir verschleppt?

Im Büro telefoniert der Mann.
Er erklärt seinem Chef, dass er einen Ladendieb gefasst hat.

Einen Dieb? Wen? Mich??

🍃 „Zeig mir bitte deinen Rucksack. Was ist da drin?", sagt er.

Warum will er meinen Rucksack sehen?

🍃 „Das ist ein ganz normaler Vorgang", erklärt er.
„Bei einem Verdacht auf Diebstahl untersuchen wir immer
alle Taschen."

Warum verdächtigt er mich?

Was habe ich denn falsch gemacht?

🐦 „Schauen Sie doch!" sage ich.
   „Mein Rucksack ist leer!"

Wie soll ich ein Dieb sein, wenn ich nichts in den Taschen habe?
Das ist doch der beste Beweis!

Was soll ich denn gestohlen haben?
Er sieht doch, dass ich nichts bei mir habe.

Trotzdem befragt er mich.

Und schreibt meinen Namen auf…

🐦 „Halt! Nicht Ei-Mann, sondern Ayman!"

Also wirklich! Was für ein Idiot.

Jetzt noch mein Alter, unsere Adresse, meine Schule.
Wieso wundert der sich, dass ich in eine Schule gehe?
Das ist doch normal in Deutschland, oder nicht?

Der Mann zeigt mir auf dem Monitor, was ich gestohlen haben
soll: Eine Zwetschge!

Gestohlen? Ich habe sie probiert!
Das ist doch ganz normal, dass man etwas probiert, bevor man
es kauft. Wieso weiß der das nicht?
Die Früchte können doch schlecht sein.

Ich habe doch nichts falsch gemacht.
Auch, wenn er jetzt meine Eltern anrufen will.
Das wäre richtig blöd. Bestimmt bekomme ich dann Ärger.

Mein Vater will, dass wir nicht auffallen.
Wir sollen uns benehmen.
Nichts mit der Polizei zu tun bekommen.
Und jetzt das. Echt Mist.

Halt! Das ist doch Ipek.
Auf einem der Monitore sehe ich sie.
Sie kann mir bestimmt helfen!
Ich sage dem Mann Bescheid und hole Ipek!

Der Mann hält mich fest!

Ich bin hier gefangen?
Bin ich etwa schon verhaftet?

Mir wird mulmig in der Magengegend.

Wenn wenigstens Ipek jetzt hier wäre. Sie kann bestimmt besser
mit dem Mann sprechen, denn sie kann schon
besser Deutsch als ich. Und sie kennt sich auch besser aus.
Sie kann mir bestimmt erklären, was hier passiert.

Ich glaube, ich wurde verhaftet, weil ich eine Zwetschge ge-
gessen habe. Aber das kann ja nicht sein.
Da muss etwas anderes dahinter stecken.
Etwas, das ich nicht verstehe.

Hoffentlich werde ich nun nicht abgeschoben.
Ich hab davon gehört, dass andere Flüchtlinge von jetzt auf
gleich abgeholt und in Abschiebehaft gesteckt wurden.

Oh verdammt!
Verdammt!

Mir ist schlecht. Warum habe ich das Obst probiert?
Ich brauche frische Luft.
Und von Ipek ist nichts zu sehen.

Plötzlich klopft es an der Tür.

Ist das die Ausländerpolizei?

Es ist nicht die Ausländerpolizei!
Es ist Ipek, die zur Tür reinkommt.

Damit habe ich nicht gerechnet.
Sie hat mich gesucht. Und gefunden.
So ein Glück.

 „Ipek!", rufe ich. „Bitte erkläre mir, was hier passiert!"

Ipek nickt mir zu und fragt nach. Der Mann antwortet.
Er erzählt wieder das Gleiche: Von einer Zwetschge, die ich
gegessen habe.

Ipek lacht.
Ist das Ganze hier nur ein Scherz?

Ich höre nur „Gesetz".
Es gibt in Deutschland ein Gesetz fürs Zwetschgen-Essen?

Und „Prinzip" sagt der Mann noch. Es geht ums „Prinzip".
Ich verstehe das Wort nicht.

- „Ein Prinzip ist etwas Grundsätzliches. Etwas, das immer gilt.
  Selbst wenn es manchmal auch unsinnig ist", erklärt Ipek.

- „Zum Beispiel: Mein Vater verleiht aus Prinzip kein Geld.
  Auch nicht seinem Freund. Der Freund braucht nicht
  enttäuscht zu sein. Er weiß ja, dass mein Vater niemandem
  Geld verleiht – aus Prinzip."

In Deutschland darf man also „aus Prinzip" kein Obst probieren?
Sehr komisch.

Okay. Ich verspreche: Ich probiere nie wieder etwas. Ich bezahle
immer zuerst.

Trotzdem will der Officer meine Eltern anrufen.

Scheiße. Echt jetzt.

Wie kann ich den Mann davon abhalten, meine Eltern anzurufen? Ich bekomme großen Ärger mit meinem Vater.

Woher soll ich wissen, dass man hier keine Früchte probieren
darf?

Ob mein Vater das weiß?
Dann kann er es mir ja auch mal sagen.

Aber als Entschuldigung lässt er das bestimmt nicht gelten.
Er hat gesagt, wir sollen keinen Ärger machen.
Und fertig.

Nun ist der Ärger aber da.

Ipek ruft jemanden an und gibt das Handy an den Mann
weiter. Dann höre ich, er spricht mit Frau Langer.
Keine schlechte Idee von Ipek.

Ob Frau Langer mir helfen kann?
Ich glaube nicht. Denn auch Lehrer müssen sich ja wohl an
Gesetze halten. Und wenn man laut Gesetz keine Früchte pro-
bieren darf, kann sie sicher auch nichts machen.

Werde ich nun als Dieb verurteilt?

Ich kann Frau Langer nicht hören.

Und von den Gesetzen, von denen der Mann spricht, verstehe
ich kein Wort.

Klasse! Frau Langer hat es geschafft.
Sie hat gesagt, dass wir und die ganze Schule nicht mehr im
Supermarkt einkaufen.
Statt meine Eltern anzurufen, soll er das Ganze einfach
Informationsgespräch nennen.

Endlich darf ich aus dem Büro raus!

Ipek packt mich am Arm und sagt: „So schnell wie möglich
raus hier!"

„Aber was ist mit unserem Einkauf? Die ganze Klasse wartet
doch auf uns. Ohne unseren Einkauf können die nicht an-
fangen zu kochen!"

„Wir gehen jetzt", sagt Ipek.

Wir haben doch alles zusammen?
Es fehlt nur noch die Bezahlung.

Aber Ipek will keine Sekunde länger bleiben.
Und sie meint es ernst. Unmissverständlich!

Ich bedanke mich noch einmal sehr bei Ipek.
Das hat sie wirklich gut gemacht.
Aber wohin gehen wir jetzt?

Ipek lächelt und zieht mich nach rechts in eine kleine
Straße, nur drei Straßen vom Supermarkt entfernt.
Hier gibt es ein kleines Café. Will sie dorthin?
Wir müssen doch zum Unterricht zurück.

Doch dann sehe ich es: Neben dem Café gibt es noch einen
Blumenladen, eine Buchhandlung und ein Gemüsegeschäft.

Hier sind das Obst und das Gemüse genauso aufgebaut wie
eben im Supermarkt, nur ohne Spiegel. Und alle Stände stehen
nicht im Laden, sondern draußen vor dem Geschäft. So kann
jeder, der hier die Straße entlang geht, die Sachen sehen.

Ob der auch einen Security Officer hat? Denn hier kann man
das Obst und das Gemüse viel leichter stehlen als eben im
Supermarkt! Aber das kann ich mir nicht vorstellen, dass es hier
einen Detektiv gibt. Offenbar hat der Besitzer des Geschäfts viel
weniger Angst vor Dieben als die eben im Supermarkt.
Aber ich fasse hier nichts an. Bestimmt nicht!

„Wir können alles, was wir brauchen, nehmen und gehen
dann rein zum Abwiegen und Bezahlen", sagt Ipek.

Ich nicke. Ich weiß, dass es hier keinen Einkaufswagen gibt.
Aber mir ist es ehrlich gesagt lieber, wenn jemand raus kommt
und uns fragt, was wir wollen. Und dann kann der die Sachen
für uns raussuchen. So kenne ich das vom Markt.

In dem Moment kommt tatsächlich jemand.

 „Das ist Herr Kaymaz, der Besitzer", sagt Ipek.

Der Mann lächelt mich freundlich an.
 „Diese Pflaumen musst du unbedingt probieren!
Zuckersüß, sage ich dir!"

Er nimmt eine und gibt sie mir.
Ich bin ganz überrascht. Und will ablehnen.

 Ipek lacht: „Doch, Ayman, HIER darfst du probieren!"

 „Gilt hier nicht das deutsche Gesetz?", frage ich.

Herr Kaymaz und Ipek lachen.

 „Hier ist der Kunde König", lacht Ipek.
Sie nimmt eine Pflaume und beißt hinein.
 „Mmmmmhhh!", schwärmt sie.

 Herr Kaymaz lächelt: „Süß! Sag ich doch!"

Alle wissen schon von Frau Langer, warum wir so spät kommen.

Als sie sehen, dass wir mit großen Taschen voller Lebens-
mittel kommen, stehen alle auf und klatschen Beifall.

Ich verstehe, dass sie mich meinen und die Angst, die ich bei
dem Security Officer hatte. Das habe ich nicht erwartet.

Ipek lacht, holt eine große Tüte Pflaumen hervor und wirft
jedem Schüler eine zu.

    „Probiert, Leute!", ruft sie. „Garantiert erlaubt und kein
    Diebstahl. Haben wir nämlich schon bezahlt!"

    „Ja!", sage ich. „Die Hälfte. Die andere Hälfte hat Herr
    Kaymaz uns geschenkt, als wir ihm unsere Geschichte
    erzählt haben."

Wieder tosender Beifall.

Alle arbeiten super. Ipek und ich schauen nur zu.
Der Tisch ist jetzt für alle gedeckt.

„Ratatouille spezial für Ayman", sagt Frau Langer als sie mir den ersten Teller gibt.

Warum grinst sie?

Ich probiere sofort.
Schmeckt gar nicht so schlecht, dieses Ratatouille.

„Warum bekommst du Ratatouille spezial?" fragt Ipek.

„Keine Ahnung! Aber schmeckt super!"

Aber was ist das da?
Dieses dunkle Stück zwischen meinem Gemüse?
Auf Ipeks Teller ist das nicht zu sehen.
Auch auf den anderen Tellern nicht.

Aber das Ding schmeckt nicht wie Gemüse.
Da fällt es mir ein! Das schwarze Ding zwischen meinem Gemüse ist eine Zwetschge!

Niveau 3
Ipek Burtalik

 Für den Hörtext und Wortschatzhilfen diese Seite mit der Klett-Augmented-App scannen (www.klett-sprachen.de/augmented).

„Heute habe ich eine Überraschung für euch!", sagt Frau Langer.

Schon wieder eine Überraschung von Frau Langer.
Die letzte Überraschung war ein Besuch im Museum. Das war echt
total langweilig. Mal sehen, was es dieses Mal ist. Ein Ausflug an einen
See wäre super. Ich habe gehört, am Stadtrand gibt es einen. Vielleicht
Boot fahren? Das wäre toll.

Doch Frau Langer schreibt nicht „See" an die Tafel, sondern „kochen".
Kochen? Warum nicht? Grillen vielleicht? Das habe ich mal mitgemacht
beim letzten Stadtteilfest. Ich habe das Feuer angemacht und Steaks
gegrillt. Irgendjemand hatte eine Soße selbst gemacht, die war total
lecker.

Aber wir kochen in der Schulkantine. Da darf man bestimmt nicht
grillen.

Frau Langer schreibt die Aufgaben für die Klasse an die Tafel:
1. einkaufen – Das ist am interessantesten, finde ich.
2. schneiden und vorbereiten – Bloß nicht, das ist nicht meins.
3. kochen – Ist besser als schneiden, aber einkaufen wäre mir am
liebsten.
4. Tisch decken – Boah, echt totlangweilig.
5. Tisch abräumen und abwaschen – Hilfe, bitte nicht! Ich hasse
abwaschen!

Das klingt alles leider nicht nach grillen.

Hallo? Was sollen wir kochen?
Ratatouille? Was soll das denn sein?

Frau Langer erklärt es:
„Ratatouille kommt aus Frankreich und heißt übersetzt so viel wie Reste.
Man verwertet die Reste aus der Küche. In Deutschland nennt man es
auch Eintopf, weil man alles in einem Topf kocht."

Im Wesentlichen besteht es also aus Gemüse.
Das ist wahrscheinlich die französische Variante von unserem bulga-
rischen Gjuwetsch. Das wird auch aus Speiseresten gemacht, aber da
gehört noch eine Portion Kalbfleisch dran.

Warum kochen wir eigentlich kein typisch deutsches Gericht? Zum
Beispiel… Mir fällt gar keins ein. Oder?
Doch! Currywurst hab ich mal gegessen. Das soll typisch deutsch sein.
Komisch. Denn seit wann ist Curry deutsch? Das kommt doch aus
Indien.

Frau Langer sucht jemanden, der einkaufen geht.
Ich melde mich schnell. So kann ich vielleicht vermeiden, dass ich
abwaschen muss. Das will ich auf gar keinen Fall! Ich stehe auf, damit
sie mich nicht übersieht. Es hat geklappt. Sie hat mich und Ayman fürs
Einkaufen bestimmt.

„Das wird spannend. Ipek vergisst bestimmt die Hälfte!", ruft jemand.
Frau Langer reagiert zum Glück nicht darauf.

Ich glaube, Ayman wollte gar nicht.

Wir sollen uns beeilen. Ich war erst einmal in dem Supermarkt. Keine
Ahnung, ob Ayman sich dort auskennt. Aber in so einem großen Laden
braucht man bestimmt viel Zeit, ehe man die Sachen in den Regalen
gefunden hat.

„Kennst du dich in dem Supermarkt aus, Ipek?"

„Nein. Ich war erst einmal dort."

„Mist! Dann müssen wir viel suchen."

Ich hatte gehofft, dass Ayman sich vielleicht besser auskennt. Aber ich glaube, der war noch nie einkaufen.

„Ja Ayman, aber denk daran: Wir sollen uns beeilen."

„Klar!"

Ich hab mir alles aufgeschrieben, was wir kaufen sollen. Ayman hat nichts notiert. – War ja klar!

Ich hoffe, dass ich nichts vergesse. In der Klasse laufen schon Wetten: Was vergisst Ipek heute? Erst waren es meine Arbeitshefte, vorgestern meine Stifte und gestern habe ich mein Halstuch in der Schule hängen gelassen. Jetzt nennen mich alle „Miss Vergissmeinnicht". Das ist gemein!

„Wir brauchen Paprika, Zucchini, Tomaten, Zwiebeln, Kartoffeln, Knoblauch, frische Kräuter und Zitrone."

„Kein Fleisch?"

„Nein. Davon steht hier nichts. Außer Gemüse brauchen wir noch Olivenöl. Und Salz und Pfeffer."

„Gut. Öl, Salz und Pfeffer hole ich."

„Okay. Mit Gemüse kenne ich mich ein bisschen aus."

„Ich eher mit Fleisch. Hoffentlich schmeckt es auch ohne."

Ayman ist manchmal echt ein Träumer! Jetzt zum Beispiel. Macht mit und ist doch nicht richtig dabei. Statt nach dem Olivenöl und Salz und Pfeffer zu suchen, bestaunt er das Obst. Als ob er noch nie Früchte gegessen hätte.

Aber na gut. Wir sollen uns beeilen.

Hier haben wir ja alles: Paprika, Zucchini, Tomaten, Zwiebeln, Zitrone, Knoblauch.

Was noch? Frische Kräuter. Aber welche?
Das habe ich mir nicht aufgeschrieben.
Und Frau Langer hat auch nichts davon gesagt.
Basilikum? Oregano? Rosmarin?

Ob Ayman eine Idee hat? Aber der ist nicht zu sehen. Vermutlich holt er endlich das Olivenöl, das Salz und den Pfeffer.
Einerseits gut, dass er nun doch seinen Einkauf erledigt, andererseits muss ich jetzt allein entscheiden, welche Kräuter in ein Ratatouille passen. Petersilie doch bestimmt.

Ob ich einfach mal jemanden frage?
Aber im Moment ist hier niemand.
Ein Verkäufer sowieso nicht, aber nicht mal ein anderer Kunde?

Dann muss ich die Entscheidung alleine treffen. Ich nehme Rosmarin, Thymian und Petersilie. Bestimmt fehlt noch irgendein Kraut. Und dann heißt es wieder, dass ich vergesslich bin. Dabei steht im Rezept nur: Frische Kräuter. Sonst nichts! Warum hab ich nicht gleich nachgefragt?

Jetzt brauchen wir nur noch die Sachen, nach denen Ayman sucht.

Da fällt mir ein: Wir sollen eine Flasche Olivenöl nehmen, die circa 6–7 Euro kostet. Ich habe vergessen, es Ayman zu sagen.

Wo ist denn jetzt der Gang mit dem Olivenöl. Vielleicht dort vorn, bei den Nudeln?

Ich habe mir auch die anderen Preise noch gar nicht angeguckt. Frau Langer hat mir nur einen 50-Euro-Schein gegeben.
Kommen wir damit aus? Bestimmt. Oder?

So, da ist endlich der Gang mit dem Olivenöl. Aber Ayman ist nicht da. Das darf doch nicht wahr sein! Wo steckt denn der Typ? Er sollte einfach nur eine Flasche Öl holen und zurückkommen. Das kann doch nicht so schwer sein.

Ah! Pfeffer und Salz sollte er noch mitbringen. Also wird er beim Gewürzregal sein. Wo ist das?

Von der Decke hängen Schilder. „Brot", „Fleisch", „Käse", „Konserven" steht da. Na super. Und warum gibt es kein Schild mit „Gewürze"?

Mist! Ich finde Ayman nicht. Am besten ich gehe zurück zu unserem Einkaufswagen. Bestimmt wartet er dort schon auf mich.

Tut er aber nicht!

Ich kann ihn nicht entdecken. Der wird doch nicht einfach rausgegangen sein, ohne mich zu informieren?

Die Klasse wartet bestimmt schon ungeduldig auf uns. Wir haben jetzt auch alles. Nur bezahlen müssen wir noch.

Aber wo ist Ayman? Also entweder ist er ein Riesen-Idiot, oder es ist ihm etwas zugestoßen! Aber was? Hier im Supermarkt passiert einem doch nichts. Außerdem hätte ich das doch gemerkt.

Ich suche nochmal jeden Gang nach ihm ab. Vergeblich.

In meiner Vorstellung verkünden einige aus der Klasse:
„Ipek hat Ayman im Supermarkt vergessen!"
Kann ich etwas dafür, dass er sich plötzlich in Luft auflöst?!

„Kann ich helfen?", fragt eine Frau in einem weißen Kittel.

Klar kann sie helfen!

„Ich suche einen Freund", erkläre ich ihr.

Sie grinst und sagt: „Ja, da wird sich schon irgendwann der Richtige finden!"

Hä? Wie bitte? Oh Moment. Nein! So hatte ich das nicht gemeint.

„Ich meinte, ich suche einen Jungen aus meiner Klasse. Wir sollten zusammen einkaufen. Nun ist er verschwunden."
„Ja", sagt die Verkäuferin. „So sind sie, die Männer. Wenn sie Arbeit riechen, sind sie weg!"

Mir wird bewusst, dass diese Frau doch keine Hilfe für mich ist.

„Bitte zusätzlich Kasse 3 besetzen", tönt es aus den Lautsprechern.

Vielleicht könnten die auch Ayman so ausrufen?
Ist mir ein bisschen peinlich, aber was soll ich machen?

Hat Ayman eigentlich ein Handy? Bestimmt! Aber ich habe seine Nummer nicht. So was Behämmertes!

Ich frage mal an der Kasse.

„Können Sie bitte meinen Klassenkameraden Ayman ausrufen? Ich kann ihn nicht finden. Aber er muss hier im Laden sein.
Er ist 13 Jahre alt, ungefähr so groß wie ich, hat schwarze Haare und trägt einen grünen Pulli und eine blaue Jacke.
Ich habe ihn schon überall gesucht."

„Oh, ich glaube, der sitzt bei unserem Hausdetektiv im Büro!", antwortet die Frau an der Kasse.

Hausdetektiv? Wieso das denn?

Sie zeigt mir den Weg.

Oh Mann, Ayman, hoffentlich hast du keinen Blödsinn gemacht!

Warum muss jemand ins Büro des Hausdetektivs?
Doch nur, weil er etwas gestohlen hat!

Das kann ich mir bei Ayman aber nicht vorstellen.
Also muss es doch etwas Anderes sein.
Aber was?

„Sie sind sicher, dass er dort ist?", frage ich bei der Verkäuferin nach.
Sie zuckt nur mit den Schultern und geht weiter voraus.

Vielleicht doch ein Diebstahl?
Unsinn!
Schon gar nicht während unseres Einkaufs.

Ich meine, was soll Ayman denn da gestohlen haben?
Eine Weintraube vielleicht? Oder eine Kartoffel?
Das ist doch lächerlich!

Niemand stiehlt etwas in einer Gemüseabteilung.
Auch nicht in einer Früchteabteilung.

Auch beim teuren Olivenöl lässt er doch nichts mitgehen.
Denn wir hatten ja Geld bekommen von Frau Langer.
Da gibt es gar keinen Grund, etwas zu stehlen.

Ich bin gespannt, was der Hausdetektiv sagen wird.

Wir sind an der Bürotür angelangt.

„Bitteschön, hier ist es", sagt die Verkäuferin und geht zurück zur
Kasse.

Was soll ich eigentlich sagen, wenn da gleich jemand die Tür öffnet?
Ich bin schließlich weder Aymans Lehrerin noch seine Anwältin oder so.
Nur eine aus seiner Schulklasse. Womöglich hält mich der Hausdetektiv
noch für seine Komplizin!

Oh Mann, Ayman, hoffentlich hast du wirklich nichts mitgehen lassen.
Verflixt! Jetzt verdächtige ich ihn auch schon.
Hör auf damit, Ipek!
Ayman ist kein Dieb. Ende!

Aber weshalb wird er dann festgehalten?
Wird jemand ohne Grund festgehalten?
Ehrlich gesagt, davon habe ich hier in Deutschland noch nie gehört.
Hier herrscht doch Recht und Ordnung, wie die Deutschen immer
sagen.

Nein, das kann ich mir nicht vorstellen, dass die so einfach ohne
Grund…

Aber dann müsste Ayman ja doch etwas getan haben. Und das kann
ich mir nun auch wieder nicht vorstellen.

Ach, was soll's? Ich klopfe jetzt einfach und lasse auf mich zukommen,
was passieren wird.

Mein Herz schlägt bis in meinen Kopf.

Ich klopfe an die Tür. Sofort öffnet ein Mann, der fast so groß wie mein Schrank ist. An ihm vorbei sehe ich Ayman, der mir sofort zuruft.

Ich versuche, ihm mit meinem Blick Mut zu machen: Das bekommen wir schon hin.

Ich frage sofort nach, weshalb Ayman hier ist.
Der Hausdetektiv antwortet mir: Ayman hat am Obststand eine Zwetschge probiert.

Ich muss lachen.
WAS?

Mehr nicht? Ich bin erleichtert! Ich hatte ja schon sonst was gedacht, was Ayman angestellt haben könnte.
Aber so ganz verstehe ich es noch nicht. Ayman wird doch nicht ernsthaft hier festgehalten, weil er eine einzige Pflaume gegessen hat? Das kann doch nicht sein.

Der Hausdetektiv versteht mein Lachen nicht.
Im Gegenteil. Es scheint ihn wütend zu machen. Und mir wird klar,
der Typ meint es ernst.

Der macht hier also einen Riesen-Aufstand wegen einer
einzigen Pflaume?

Der Hausdetektiv textet uns zu: Mit Gesetzen und Prinzipien.

Ich muss Ayman erst mal erklären, was mit „Prinzip" gemeint ist.
Ich weiß nicht, ob er es verstanden hat.
Ist ja auch kaum zu verstehen.

Allerdings ist es wichtig in Deutschland. Hier haben viele Leute
Prinzipien, also Grundsätze, die ihnen ganz wichtig sind.
Ich hab mal Plastik in einen Papiercontainer geworfen. Da kam gleich
ein Nachbar und erklärte, dass man das „aus Prinzip" nicht dürfe. In
der Frage haben die Deutschen echt 'ne Schraube locker.

Okay, und eine Pflaume darf man eben auch „aus Prinzip" nicht
probieren. Wer soll das verstehen?

Ayman tut es nicht. Trotzdem beteuert er, dass er es nie wieder tun
werde.

Na also. Alles geregelt.

Warum will der blöde Hausdetektiv trotzdem noch Aymans Eltern
anrufen? Das ist doch echt übertrieben. Und wäre für Ayman offenbar
sehr schlimm.

Gut, dass wir alle für einen Notfall Frau Langers Nummer im Handy
speichern mussten. Und das ist jetzt wohl so ein Notfall.
Ich ruf sie einfach schnell an.

Sie geht sofort dran und ich reiche das Handy an den Hausdetektiv
weiter. Der schaut mich unschlüssig an.

„Meine Lehrerin!", sage ich.

Da nimmt er es endlich. Er erklärt, wer er ist und was passiert ist. Als
er erläutern muss, dass er Ayman hier festhält wegen einer einzigen
Pflaume, kommt es ihm selbst wohl ein bisschen lächerlich vor.

Jedenfalls wird er plötzlich ganz still.

Leider kann ich nicht genau verstehen, was Frau Langer ihm sagt.
Aber irgendwie sind es, wie es aussieht, die richtigen Worte.

Wenn ich es richtig mitbekomme, droht Frau Langer
mit einem Boykott des Supermarktes durch die gesamte Schule.
Immerhin sind wir 2.000 Leute.

Der Hausdetektiv wird kleinlaut und scheint einzulenken.

Ich nicke Ayman zu.

Alles wird gut!
Frau Langer kann offenbar alles regeln.

Das hat Frau Langer gut gemacht!

Der Hausdetektiv denkt nach und stimmt dem Vorschlag von Frau
Langer zu. Und plötzlich geht alles ganz schnell. Er führt uns zurück in
den Supermarkt.   5

Aber ich hab genug von diesem Laden.

Ich beschließe, den Einkaufswagen mit dem kompletten Inhalt an
einer Ecke stehen zu lassen. Von mir aus kann der Hausdetektiv den   10
auspacken und alles in die Regale zurück räumen.

Ich sage Ayman, dass wir woanders einkaufen.
Der versteht das erst gar nicht. Was ich nun wiederum nicht verstehe.
Wie kann der hier noch einkaufen wollen, obwohl ihn doch der Mann   15
gerade eben noch wie einen Dieb behandelt hat? Weil er eine Pflaume
probiert hat. Eine einzige Pflaume!

Ich hab auch schon eine Idee, wo wir einkaufen.
Dass ich nicht gleich dorthin gegangen bin!   20

So, jetzt sind wir gleich da. Ich verstehe immer noch nicht, wieso wir nicht gleich hierher gegangen sind. Ich war schon öfter hier und bin eigentlich viel lieber hier als in dem Supermarkt.

Wieso habe ich nicht gleich dran gedacht?
Die Besitzer sind eine türkische Familie. Die sind wirklich total nett.

Ach, ich erinnere mich wieder. Herr Kaymaz hat nämlich meistens zu wenig Brötchen. Also diese typischen, leckeren, deutschen Brötchen, die manchmal Schrippen heißen. Und im Süden sagt man Semmel. Jedenfalls sind die spätestens in der zweiten Pause ausverkauft. Dann gibt es nur noch Fladenbrot. Auch lecker. Aber nicht fürs Pausenbrot, finde ich. Und die anderen sagen das auch. Deshalb rennen die meisten zum Supermarkt.

„Hier sind wir!", sage ich zu Ayman.
„Hier kriegen wir alles, was wir brauchen."

Und Brötchen brauchen wir ja nicht mehr.

„Okay!", sagt Ayman und schaut schon wieder so gierig auf die Pflaumen.

Ich merke, das Ayman etwas zögerlich ist. Ist ja klar, nach der Sache eben.

Ich erkläre ihm, dass wir hier alles nehmen können, was wir brauchen. Dann gehen wir rein, lassen alles abwiegen und bezahlen. 5

Ayman weiß das, zögert aber trotzdem.
Und sein Blick haftet nach wie vor auf den Pflaumen.

Ich denke, wenn wir Geld übrig haben, sollten wir noch ein paar von 10 denen mitnehmen.

In dem Moment kommt Herr Kaymaz heraus und grüßt uns freundlich.
Ich stelle ihm Ayman vor.

15

Herr Kaymaz lächelt und sagt: „Diese Pflaumen musst du unbedingt probieren! Zuckersüß, sage ich dir!"

Er nimmt eine und reicht sie Ayman.
Ich nehme auch eine. 20

Ayman ist total verdutzt. Und will die Pflaume erst gar nicht nehmen.

„Doch, Ayman", sage ich ihm. „HIER darfst du probieren!"

25

„Gilt hier nicht das deutsche Gesetz?", fragt er.

Herr Kaymaz und ich müssen laut lachen.

„Hier ist der Kunde König!", sage ich und esse meine Pflaume. 30
Sie schmeckt wirklich köstlich.

Herr Kaymaz lächelt. „Süß. Sag ich doch!"

Die anderen haben unsere Geschichte von Frau Langer mitbekommen.
Als wir den Klassenraum betreten, stehen alle auf und klatschen
Beifall. Das ist toll für Ayman. Jetzt weiß er, dass wir ihn nicht als Dieb
ansehen, sondern als Kumpel in unserer Klasse. Auf uns kann er sich
verlassen.

Da passt es umso mehr, dass wir für alle zusätzlich Pflaumen mitge-
bracht haben. Ich verteile die Pflaumen. Die Klasse hat es sich verdient.

„Probiert, Leute!", rufe ich. „Garantiert erlaubt. Und kein Diebstahl.
Haben wir schon bezahlt."

Alle lachen und genießen die Pflaumen.
Dann packen wir alles aus.

„Achtung! Achtung! Alle mal herhören! Ipek hat mal wieder was
vergessen!", ruft Yusup in den Raum.

Wie bitte? Unmöglich! Das kann doch nicht sein?
Alle hören auf zu sprechen, um zu erfahren was fehlt.

„Ipek hat vergessen etwas zu vergessen!", verkündet er mit breitem
Grinsen. Die ganze Klasse lacht. Ich bin erleichtert und froh.
Endlich geht es ans Kochen!

Die Klasse sitzt an einem langen Tisch und isst.
Ich liebe gemeinsames Essen an großen Tischen.
So eine Kochaktion können wir gern wiederholen. Niemals hätte ich
heute Morgen erwartet, dass es so spannend wird.

Mit besonderer Ankündigung überreicht Frau Langer Ayman den ersten
Teller. „Ratatouille spezial für Ayman", sagt sie.

Warum bekommt nur Ayman ein Ratatouille spezial? Ich hätte das doch
wohl nach diesem Einsatz genauso verdient! Und was ist daran das
Spezielle?

Nach einem Blick auf Aymans Teller erkenne ich das Besondere an
seinem Ratatouille. Aber Ayman hat noch nichts bemerkt. Ihm scheint
es zu schmecken. Erst nach einer Weile beginnt er zu rätseln und fragt,
was das schwarze Ding auf seinem Teller ist.
Hat er Tomaten auf den Augen? Warum sieht er nicht die Überraschung
von Frau Langer auf seinem Teller?

Dann endlich spießt er das dunkle Ding auf seine Gabel und hält es
hoch.

„Für mich gibt es zusätzlich: eine Zwetschge!"

Die ganze Klasse klatscht Applaus!

Quiz Kevin

**Kevin Krause arbeitet in einem Supermarkt.
Was macht er dort?**
☐ Er ist Hausmeister.
☐ Er ist Hausdetektiv.
☐ Er ist Polizist.
☐ Er ist Verkäufer.

Warum schimpft Kevins Chef?
☐ Immer wieder klauen die Leute Zwetschgen.
☐ Immer wieder spielt Kevin mit seinem Handy.
☐ Immer wieder klauen die Leute Kochtöpfe.
☐ Immer wieder schläft Kevin bei der Arbeit ein.

**Warum muss Ayman mit in das Büro von
Kevin Krause?**
☐ Ayman hat einen Kochtopf geklaut.
☐ Ayman und Ipek sind noch nicht erwachsen.
   Sie dürfen nicht alleine einkaufen.
☐ Kevin sucht mit Ayman nach dem Olivenöl.
☐ Ayman hat eine Zwetschge probiert ohne zu bezahlen.
   Das ist verboten.

**Kevin Krause lässt Ayman und Ipek gehen.
Wer bringt ihn dazu?**
☐ Aymans und Ipeks Lehrerin Frau Langer
☐ Kevins Chef
☐ Aymans Klassenkameradin Ipek
☐ Eine Verkäuferin

Ayman und Ipek sind im Supermarkt. Warum?

☐ Ayman und Ipek kaufen die Zutaten für Ratatouille.

☐ Ayman hat Hunger. Er will etwas für die Pause kaufen.

☐ Ayman und Ipek sollen für die ganze Klasse Zwetschgen kaufen.

☐ Ipek kennt sich in der Stadt noch nicht gut aus. Ayman zeigt ihr den Supermarkt.

Warum muss Ayman in das Büro von Kevin Krause?

☐ Kevin Krause verwechselt Ayman mit dem Kochtopfdieb.

☐ Ayman hat eine Zwetschge gegessen.

☐ Ayman hat teures Olivenöl gestohlen.

☐ Ayman hat einen Dieb beobachtet und soll Hausdetektiv Krause helfen.

Was macht Ipek, um Ayman zu helfen?

☐ Ipek ruft Frau Langer an.

☐ Ipek ruft die Polizei an.

☐ Ipek ruft Aymans Vater an.

☐ Ipek ruft eine Verkäuferin.

Wo kaufen Ayman und Ipek Zwetschgen?

☐ Im Supermarkt.

☐ Bei einem türkischen Händler.

☐ Auf dem Markt.

☐ Am Schulkiosk.

 Für die Lösungen diese Seite mit der Klett-Augmented-App scannen (www.klett-sprachen.de/augmented).

Welche Aufgabe will Ipek am liebsten übernehmen?

☐ Die Zutaten einkaufen.
☐ Gemüse schneiden und vorbereiten.
☐ Ratatouille kochen.
☐ Die Tische abräumen und abwaschen.

Warum wird Ipek „Miss Vergissmeinnicht" genannt?

☐ Weil sie immer alles weiß.
☐ Weil sie sehr hübsch ist.
☐ Weil sie nie etwas vergisst.
☐ Weil sie ständig etwas vergisst.

Was passiert im Supermarkt?

☐ Ipek hat den Einkaufszettel vergessen.
☐ Ayman wird vom Hausdetektiv festgehalten.
☐ Ipek findet die Kräuter nicht.
☐ Ayman und Ipek haben nicht genug Geld dabei.

Was bedeutet „aus Prinzip"?

☐ Man macht etwas nicht, weil man es nie macht.
☐ Man macht etwas nicht, weil es so im Gesetzt steht.
☐ Man macht etwas nicht, obwohl es erlaubt ist.
☐ Man macht etwas nicht, weil man andere nicht verärgern möchte.

Was macht Herr Kaymaz als er Ipeks und Aymans Geschichte hört?

☐ Er schenkt ihnen die Zutaten für das Ratatouille.
☐ Er schenkt beiden eine Zwetschge.
☐ Er schenkt ihnen die Hälfte der Zwetschgen für die Klasse.
☐ Er schenkt ihnen die Hälfte der Zutaten für das Ratatouille.

 Für die Lösungen diese Seite mit der Klett-Augmented-App scannen (www.klett-sprachen.de/augmented).